# CANTIQUES

POUR LE

## MOIS DE MARIE

(Paroisse Saint-Sever.)

PRIX : 10 CENTIMES.

EN VENTE
CHEZ E. CAGNIARD, IMPRIMEUR-LIBRAIRE,
Rue Saint-Sever, n° 77.
ROUEN.

### N° 1.

Mère de Dieu, du monde souveraine,
Vous qui voyez à vos pieds tous les Rois ;
Je vous choisis aujourd'hui pour ma Reine,
Et me soumets pour toujours à vos lois.

    Nous le jurons
    Toute la vie
    Nous le répèterons
    Nous sommes à Marie.

Que votre joug, ô Marie, est aimable !
Que vos attraits sont saints et ravissants !
Vous m'enivrez d'un bonheur ineffable ;
Vous m'attirez par vos charmes puissants.

Je mets ma gloire à vous marquer mon zèle,
A vous aimer, à vous faire servir :
Ah ! si mon cœur vous doit être infidèle,
Cent et cent fois qu'on me fasse mourir.

Que contre moi l'enfer entre en furie,
Sous votre nom l'on me verra vainqueur.
Un serviteur, un enfant de Marie,
Peut-il périr, peut-il mourir pécheur ?

Ah ! que ma langue, immobile et glacée,
En ce moment s'attache à mon palais,
Si, de mon cœur, s'efface la pensée
De votre amour comme de vos bienfaits.

### N° 2.

    Sion, de ta mélodie,
    Cesse les divins accents ;
    Laisse-nous près de Marie
    Faire éclater nos transports.

1865

La reine que tu révères,
Le digne objet de tes chants,
Apprends qu'elle est notre mère,
Et fais place à ses enfants.

Mais comment, de cette enceinte,
Percer les voûtes des cieux?
Descends plutôt, Vierge sainte.
Et viens régner en ces lieux,
Viens d'un exil trop sévère
Adoucir les longs tourments :
Ta présence, auguste mère,
Sera chère à tes enfants.

Pour toi nous sentons nos âmes
Brûler, en ce divin jour,
Des plus innocentes flammes,
Du plus généreux amour.
Ah! puissions-nous à te plaire
Consacrer tous nos instants,
Et prouver à notre mère
Que nous sommes ses enfants !

Mère chérie,
Reçois nos vœux, notre amour.
Puissions-nous au ciel, un jour,
Te voir, t'aimer, Marie.

## N° 3.

Heureux qui, dès le premier âge,
Honorant la reine des cieux,
Fuit les dons qu'un monde volage
Etale avec pompe à ses yeux.
Qu'on est heureux sous son empire !
Qu'un cœur pur y trouve d'attraits!
Tout y ressent, tout y respire
L'amour, l'innocence et la paix.

Mondain, ta grandeur toute entière
S'anéantit dans le tombeau ;
L'instant ou finit sa carrière
Du juste est l'instant le plus beau.
La paix règne sur son visage,
Son cœur est embrasé d'amour ;
Sa vie a coulé sans nuage,
Sa mort est le soir d'un beau jour.

Comme un rocher qui, d'âge en âge,
Battu par les flots agités,
Brave la fureur de l'orage
Et l'effort des vents irrités ;
Le vrai serviteur de Marie,
Sûr à jamais de son appui,
Brave l'impuissante furie
De l'enfer armé contre lui.

Régnez, Vierge sainte, en notre âme,
Vous y ferez régner la paix :
Gravez en nous, en traits de flamme,
Le souvenir de vos bienfaits.
Mettez à l'ombre de vos ailes
Ces cœurs qui vous sont consacrés ;
Vers les demeures éternelles
Guidez nos pas mal assurés.

### N° 4.

Pour nos parents, sainte Vierge Marie,
Offrez à Dieu nos soupirs et nos vœux ;
Dès le berceau, leur voix tendre et chérie
Nous apprenait à le louer comme eux :
Mère de Dieu, soyez aussi leur mère ;
Pour les bénir, écoutez votre cœur :
Porte du ciel, doux espoir de la terre,
Ouvrez pour eux les trésors du Seigneur.

Quand du travail ils bravent la fatigue,
Pour nous donner le pain de chaque jour,
De vos faveurs soyez pour eux prodigue,
Que leurs succès nous prouvent votre amour.
Mère de Dieu, montrez-vous notre mère,
Protégez-nous, écoutez votre cœur ;
Porte du Ciel, doux espoir de la terre,
Ouvrez pour nous les trésors du Seigneur.

Si la douleur, de sa main meurtrière,
Veut les blesser, daignez la prévenir ;
Ou que du Ciel la grâce tutélaire,
Dans ce péril, vienne les soutenir.
Mère de Dieu, soyez aussi leur mère,
Pour les sauver, écoutez votre cœur ;
Porte du Ciel, doux espoir de la terre,
Ouvrez pour eux les trésors du Seigneur.

Lorsque la mort, insensible à nos larmes,
A notre amour viendra les arracher,
Qu'entre vos bras, sans crainte et sans alarmes,
Du jugement ils bravent le danger.
Mère de Dieu, soyez aussi leur mère,
Pour les sauver, écoutez votre cœur ;
Porte du Ciel, doux espoir de la terre,
Ouvrez pour eux le séjour du bonheur.

Lorsque le Ciel, notre belle patrie,
Un jour aussi comblera tous nos vœux,
Nous les verrons près de vous, ô Marie,
Et nous serons alors trois fois heureux.
Mère de Dieu, montrez-vous notre mère,
Pour nous sauver, écoutez votre cœur ;
Porte du Ciel, doux espoir de la terre,
Ouvrez pour nous le séjour du bonheur.

## N° 5.

Age pur, aimable saison,
Douces prémices de la vie ;
Où l'innocence et la raison
Offrent un sort digne d'envie ;
Heureux qui voit couler en paix
Vos heures, vos jours sans nuage,
Donnant au Dieu qui nous a faits
Tous les instants de ce bel âge !

Jeunes enfants, votre Sauveur
Vous a choisis par préférence ;
Il chérit en vous la candeur
Et la pureté de l'enfance :
Puissiez-vous sentir ce bonheur,
Et goûter pour lui, sans partage,
Tous les transports d'une ferveur
Qui croisse avec vous d'âge en âge !

Venez, au pied du saint autel,
A lui seul consacrer vos âmes,
A ce bienfaiteur immortel
Portez le tribut de vos flammes.
Oh ! si vous êtes innocents,
Il vous tient ce tendre langage :
« Laissez-moi venir ces enfants ;
« Mon royaume est fait pour cet âge. »

Vierge, patronne des croyants,
Notre amour et notre espérance,
Au milieu des maux renaissants,
Nous réclamons votre puissance :
Préservez-nous de tout péril ;
Loin de nous écartez l'orage ;
De vos enfants, dans cet exil,
Montrez-vous la mère à tout âge.

## Nº 6.

O céleste patrie,
Mon bonheur,
Sois à jamais chérie
De mon cœur.

Dans tes parvis tout n'est plus qu'allégresse,
C'est un torrent des plus chastes plaisirs ;
On ne ressent ni peine ni tristesse,
On ne connaît ni plaintes ni soupirs.　　　(*bis*).

Tes habitants ne craignent plus d'orage,
Ils sont au port, ils y sont pour jamais.
Un calme entier devient leur doux partage ;
Dieu dans leur cœur verse un fleuve de paix. (*bis*)

De quel éclat ce Dieu les environne !
Ah ! je les vois tout brillants de clarté ;
Rien ne saurait y flétrir leur couronne,
Leur vêtement est l'immortalité.　　　(*bis*).

Pour les élus il n'est plus d'inconstance,
Tout est soumis au joug du saint amour ;
L'affreux péché n'a plus là de puissance,
Tout bénit Dieu dans cet heureux séjour. (*bis*).

Beauté divine, ô beauté ravissante !
Tu fais l'objet du suprême bonheur :
O quand naîtra cette aurore brillante
Où nous pourrons contempler ta splendeur ? (*bis*)

## Nº 7.

Mère de Dieu, quelle magnificence
Orne aujourd'hui ton aimable berceau !
Les anges saints veillent sur ton enfance :
Le ciel a-t-il un spectacle plus beau ?

Tendre Marie !
O mon bonheur !
Toujours chérie,
Tu vivras dans mon cœur.

O mon refuge ! ô ma Reine ! ô ma mère !
Combien sur moi tu verses de bienfaits !
Combien de fois, dans ce doux sanctuaire,
Mon triste cœur a retrouvé la paix !

Mon œil à peine avait vu la lumière
Et ton amour veillait sur mon berceau ;
Tous mes instants, ô mon aimable mère,
Furent marqués par un bienfait nouveau.

Anges, soyez témoins de ma promesse !
Cieux, écoutez ce serment solennel !
« Oui, c'en est fait, mon cœur, plein de tendresse,
« Jure à Marie un amour éternel. »

Si je pouvais, infidèle et volage,
Un seul instant cesser de te chérir,
Tranche mes jours à la fleur de mon âge,
Je t'en conjure, ah ! laisse-moi mourir.

### N° 8.

Sur vos autels, ô Marie,
Tous d'une commune voix,
Nous jurons toute la vie
D'être soumis à vos lois ;
Ce sera, mère chérie,
Notre cri dans ce beau mois.

Juste, bénis ta bienfaisante mère,
Qui t'embellit de toutes les vertus,
Qui t'inspira le désir de lui plaire,
Et te guida dans l'amour de Jésus.

Oui, tu dois tout à cet amour si tendre
Qui garantit et sauva ton berceau :
Marie a su, chaque jour, te le rendre
Comme un présent, comme un bienfait nouveau.

Et toi, pécheur, trop coupable victime,
Hélas ! souillé de mille égarements,
Qui te retint sur le bord de l'abîme ?
Qui différa tes horribles tourments ?
Ingrat, peux-tu longtemps la méconnaître,
La main d'où part un bienfait aussi doux ?
Marie osa, de ton souverain maître,
Jusqu'à ce jour suspendre le courroux.

Vole en ses bras, elle est encor ta mère ;
Prête l'oreille à ses tristes accents :
« Fils bien aimé, de ta douleur amère
« Viens dans mon sein calmer les mouvements.
« Tu m'as coûté tout le sang de mes veines,
« Quand je devins mère de ton Sauveur ;
« J'ai tant souffert ! Ah ! pour prix de mes peines
« Accorde-moi l'empire de ton cœur. »

Tendre Marie, à cette âme rebelle,
Quand vous offrez une telle bonté,
Qui peut encor demeurer infidèle ?
Ah ! j'en reviens au Dieu que j'ai quitté.
Il en est temps, aimable protectrice,
Ouvrez pour moi ce cœur si plein d'amour :
De votre Fils apaisez la justice,
Je me consacre à Jésus sans retour.

## N° 9.

Chaste époux d'une Vierge mère
Qui nous adopta pour enfants,
Soyez aussi notre bon père,
Prenez pour nous ses sentiments.

Puissant protecteur de l'enfance,
Trop heureux gardien de Jésus,
Obtenez-nous son innocence,
Faites croître en nous ses vertus.

Qu'il est beau, qu'il est plein de grâce,
Ce lis qui brille dans vos mains !
Sa céleste blancheur efface
La couronne de tous les Saints.

Ah ! si quelque jour vers l'Egypte
Le péché conduisait nos pas,
Veillez sur nous dans notre fuite,
Portez-nous aussi dans vos bras !

Montrez-nous cet enfant de gloire
Qui renversa tous les faux dieux ;
Et soutenus par sa victoire,
Nous triompherons sous ses yeux.

Bientôt à la terre fidèle
Rendus par votre bras puissant,
Vous nous apprendrez, saint modèle,
A vivre avec le Verbe enfant..

Daignez, tous les jours de ma vie,
Veiller sur moi, me secourir ;
Et qu'entre Jésus et Marie
Comme vous je puisse mourir.

## N° 10.

# NOTRE-DAME-DES-FLOTS.

Au loin entendez-vous... (*bis.*)
Au milieu de la nuit profonde
Le vent qui s'élève et qui gronde ?
Le ciel se confond avec l'onde ;

L'orage monte, il va nous engloutir, (*bis.*)
　　　Mon Dieu, faut-il périr? (*bis.*)
　　　Daignez nous secourir.
A nos enfants gardez leur soutien et leur vie,
Au pied de votre autel, pour nous chacun d'eux
　　　　　　　　　　　　　　　　　　[prie,
　　　Mon Dieu, préservez-nous... (*quater.*)

　　　Marins, entendez-vous?... (*bis.*)
　　Quels affreux éclats de tonnerre !
　　Apaisons du ciel la colère,
　　Du pauvre il aime la prière ;
La barque sombre... elle va s'entr'ouvrir ; (*bis.*)
　　　Mon Dieu, s'il faut mourir, (*bis.*)
　　　Venez nous soutenir ;
Daignez au ciel à nos âmes donner asile,
Au moins ce dernier vœu ne sera pas stérile,
　　　Mon Dieu, recevez-nous. (*quater.*)

　　　Compagnons, voyez-vous... (*bis.*)
　　Au milieu de ce gros nuage,
　　La main qui repousse l'orage ?
　　Son doigt nous montre le rivage ;
C'est une mère, elle vient nous sauver, (*bis.*)
　　　Elle vient arracher (*bis.*)
　　　Ses enfants au danger ;
La voyez-vous ? n'est-ce pas la bonne Marie,
Secours du malheureux qui l'implore et la prie ?
　　　Marins, recueillons-nous. (*quater.*)

　　　En chœur entonnons tous, (*bis.*)
　　L'hymne de la reconnaissance ;
　　Le Dieu de toute bienfaisance,
　　En signe de son alliance,
Nous a donné de la paix l'arc-en-ciel. (*bis.*)
　　　Faisons à cet autel (*bis.*)
　　　Le serment solennel

De suivre de sa loi les sentiers inflexibles,
Restant jusqu'à la mort dans le bien invincibles.
    Marins, prosternons-nous; (*ter.*)
    Marins, tombons (*bis.*) tous à genoux.

### N° 11.

A la reine des cieux offrons un tendre hommage;
Réunissons pour elle et nos voix et nos cœurs.

    A chanter ses grandeurs
Consacrons la fleur de notre âge :
    A la reine, etc.

Heureux celui qui, dès l'enfance,
Lui fait de soi-même le don,
    Et met son innocence
    A l'abri de son nom !
    A la reine, etc.

Aux yeux du Tout-Puissant elle fut toujours pure;
Chantons sur le péché son triomphe éclatant.

    Son cœur, même un instant,
Ne reçut jamais de souillure.
    Aux yeux, etc.

Plus sainte que les cœurs des anges,
Des trônes et des chérubins,
    Elle a droit aux louanges
    Des mortels et des saints.
    Aux yeux, etc.

Elle est et notre reine et notre tendre mère;
Vivons sous son empire, annonçons ses bienfaits.

    On n'est jamais trompé
Lorsqu'en sa bonté l'on espère.
    Elle est, etc.

Toujours sa tendresse facile
Se rend sensible à nos malheurs ;
Elle est toujours l'asile
Et l'espoir des pécheurs.
Elle est, etc.

O Vierge toujours sainte ! ô mère toujours tendre !
Soyez, soyez propice aux vœux de vos enfants.
Que sur nos jeunes ans
Vos faveurs viennent se répandre !
O Vierge, etc.

De votre bonté salutaire
Daignez nous prêter les secours ;
Montrez-vous notre mère,
Dans l'enfance et toujours.
O Vierge, etc.

### N° 12.

O Marie, ô ma mère,
Du nautonier daigne exaucer les vœux.
Sois l'appui tutélaire
De mon enfant, pour la conduire aux cieux. (*bis.*)

Combien d'écueils la mer du monde.
Cache sous ses flots orageux !
L'intrépide marin, aguerri contre l'onde,
Mille fois est venu se briser en ces lieux ;
Que deviendra l'enfant timide,
Impuissante à se diriger ?
Il lui faut une main, qui sûrement la guide;
Pour la conduire au port à l'abri du danger.

Des passions quand les orages
Viendront sur sa tête à gronder.
Etoile de la mer, à travers les nuages,
Eclaire son chemin, daigne la seconder;

Mais si, dans ces îlots pleins de rage,
Elle devait trouver la mort
Mets en pièces sa barque, avant l'affreux **voyage**,
Pour sauver ses débris au sein même du **port**.

Mais pourquoi craindre? ô Vierge pure,
Ne règnes-tu pas sur son cœur?
Tu ne permettras pas que la moindre souillure
Jamais vienne en ternir la céleste blancheur;
La pureté sera sa voile,
Elle aura pour ancre la foi;
L'espérance du ciel sera sa douce étoile,
Son gouvernail sera de Dieu la sainte loi.

Déjà la nuit de la vieillesse
Appesantit mes faibles yeux;
La mort n'aura pour moi ni regrets ni tristesse,
Puisqu'aujourd'hui je vois accomplir tous mes
Ma fille aura Jésus pour père, [vœux.
Pour mère Marie à jamais,
Je ne laisserai point d'orphelins sur la terre,
Pour le ciel je puis donc m'embarquer sans re-
[grets.

O Marie, ô ma mère,
Du nautonier daigne exaucer les vœux,
En ton secours j'espère,
Tu nous prendras, pour nous conduire aux
[cieux. (*bis*.)

## N° 13.

Heureux qui goûte les doux charmes
De l'aimable et céleste amour!
Son cœur, d'une paix sans alarmes,
Devient le tranquille séjour.
Esprit saint, descends sur la terre,
Embrase-la d'un si beau feu :
Ah! s'il est doux d'aimer un père,
Comment ne pas aimer un Dieu?

O vous que l'infortune afflige,
Ne craignez point votre douleur :
L'amour opère tout prodige,
Il change nos maux en bonheur.
  Esprit saint, etc.

Je le sens, cet amour extrême,
Il me prévient de sa douceur ;
Mais pour t'aimer, bonté suprême,
Non, ce n'est point assez d'un cœur.
  Esprit saint, etc.

## N° 14.

Quels accords, quels concerts augustes,
Quelle pompe éblouit mes yeux !
Fais silence à l'aspect des justes,
O terre ! entends le chant des cieux.

O divine, ô tendre harmonie !
Les saints, dans des transports d'amour,
Chantent la grandeur infinie
Du Dieu dont ils forment la cour.

Quel spectacle ! un Dieu sans nuage
Se montre aux yeux des bienheureux ;
Ils contemplent de son visage
Les traits sereins et lumineux.

Le Seigneur transporte leur âme
Par les plus saints ravissements ;
La sainte ardeur qui les enflamme
Les nourrit de feux renaissants.

Je vois à l'ombre de ses ailes,
Ces saints dont l'éloquente voix
Confondit les esprits rebelles,
Et donna des leçons aux rois.

De la nouvelle Babylone
Les martyrs, ces brillants vainqueurs,
Sont assis auprès de son trône.
Le front ceint d'immortelles fleurs.

## N° 15.

Je vous salue, ô divine Marie !
Vous méritez l'hommage de nos cœurs ;
Après Jésus, vous êtes et la vie,
Et le refuge et l'espoir des pécheurs.

    Montrez-vous notre mère,
Ecoutez vos enfants chéris ;
    Que notre humble prière
S'élève jusqu'à votre fils.
      Bonne Marie,
      Mère chérie,
Nous avons tous recours à vous ;
      Bonne Marie,
      Mère chérie,
Priez, priez toujours pour nous.

Fils malheureux d'une coupable mère,
Bannis du ciel, les yeux baignés de pleurs,
Nous vous faisons de ce lieu de misère,
Par nos soupirs entendre nos douleurs.

Ecoutez-nous, puissante protectrice,
Tournez sur nous vos yeux compâtissants,
Et montrez-nous qu'à nos malheurs propice,
Du haut des cieux vous aimez vos enfants.

O douce, ô tendre, ô pieuse Marie !
Vous dont Jésus, mon Dieu, reçut le jour,
Faites qu'après l'exil de cette vie
Nous le voyions dans l'éternel séjour.

## N° 16.

Trop heureux enfants de Marie,
Venez entourer ses autels :
Venez d'une mère chérie
Chanter les bienfaits immortels.
Et vous, célestes chœurs des Anges,
Prêtez-nous vos divins accords.
Que tout célèbre ses louanges,
Que tout seconde nos transports.

Vierge, le plus parfait ouvrage
Sorti des mains du Créateur.
Beauté pure, heureux assemblage
Et d'innocence et de grandeur,
Quel éclat pompeux t'environne
Au brillant séjour des élus !
Le Très-Haut lui-même y couronne
En toi la Reine des vertus.

Astre propice, aimable aurore
Qui nous annonças le Sauveur ;
Au faible mortel qui l'implore
Daigne offrir un bras protecteur.
Loin de toi, loin de ma patrie,
Je me consume en vains désirs ;
O ma Mère ! ô tendre Marie !
Entends la voix de mes soupirs.

## N° 17.

Elevez-vous, porte éternelle,
Votre Reine (bis) en ce jour prend son vol vers
Elevez-vous (ter), porte éternelle, [les cieux.
Accourez tous, chœurs glorieux,
Entonnez votre hymne immortelle,
   Empressez-vous,
    Accourez tous,

Chantez, célébrez ses louanges ;
    Empressez-vous,
    Accourez tous,
De Dieu c'est la mère, ô Saints Anges,
Chantez, célébrez ses louanges     (bis.)
    Empressez-vous,
    Accourez tous.

Anges, applaudissez, et chantez la victoire
De la mère d'un Dieu qui triomphe en ce jour ;
Après un doux trépas, elle vole à la gloire
Où la main de son Fils couronne son amour.

Tels les premiers rayons de la naissante aurore
Annoncent du soleil l'agréable retour ;
O Vierge, ta splendeur, mais plus brillante en-
A chassé la nuit sombre et ramené le jour. [core,

La lune sous tes pieds, courant dans sa carrière,
Voit près de toi ternir sa céleste clarté ;
Et le soleil, l'ornant de sa propre lumière,
A l'aspect de tes traits se trouve sans beauté.

### N° 18.

Nous qu'en ces lieux combla de ses bienfaits
    Une mère auguste et chérie,
Enfants de Dieu, que nos chants à jamais
    Exaltent le nom de Marie !

Ici, sa voix puissante sur nos cœurs
    A la vertu nous encourage ;
Sur le saint joug elle répand des fleurs ;
    Notre innocence est son ouvrage.

Si le lion rugit autour de nous,
    Elle étend son bras tutélaire ;
L'enfer frémit d'un impuissant courroux,
    Et le ciel sourit à la terre.

Quand le chagrin de ses traits acérés,
    Blesse nos cœurs et les déchire,
Sensible mère, elle est à nos côtés ;
    Avec nos cœurs le sien soupire.

Combien de fois sa prévoyante main
    De l'ennemi rompit la trame !
Nous la priions et nous la sentions soudain
    La paix descendre dans notre âme.

Battu des flots, vain jouet du trépas,
    La foudre grondant sur sa tête,
Le nautonier se jette dans ses bras,
    L'invoque et voit fuir la tempête.

Tel le chrétien sur ce monde orageux,
    Vogue toujours près du naufrage :
Mais à Marie adresse-t-il ses vœux,
    Il aborde en paix au rivage.

Heureux celui qui, dès ses premiers ans,
    Se fit un bonheur de lui plaire !
Heureux ceux qu'elle adopta pour enfants !
    La reine des cieux est leur mère.

Oui, sa bonté se plaît à secourir
    Un cœur confiant qui la prie.
Siècles, parlez !... Vit-on jamais périr
    Un vrai serviteur de Marie ?

### N° 19.

De tes enfants reçois l'hommage,
Prête l'oreille à leurs accents ;
Seigneur, c'est ton plus noble ouvrage
Qu'ils vont célébrer dans leurs chants :
Ranimé par ta main puissante,
Plein d'un espoir consolateur,
David, de sa tige mourante,
Voit germer la plus belle fleur.

Pleine de grâce, ô Vierge incomparable !
L'honneur, la gloire et l'appui d'Israël,
Jetez sur nous un regard favorable,
De cet exil conduisez-nous au ciel.

    Des misères et des alarmes
    Cette terre était le séjour ;
    Mais le ciel, pour tarir nos larmes,
    Nous donne une mère en ce jour :
    Chantons cette mère chérie,
    Offrons-lui le don de nos cœurs,
    Et que notre bouche publie
    Et ses charmes et ses grandeurs.

    Oh ! quand disparaîtront les ombres
    Qui la couvrent de toutes parts ?
    Fuyez, fuyez, nuages sombres
    Qui la voilez à nos regards.
    Verse des torrents de lumière
    Sur Sion et ses habitants,
    Etoile bienfaisante !... éclaire
    Et guide leurs pas chancelants.

    Franchissant la céleste plaine,
    Les anges, riches de splendeur,
    Pour contempler leur souveraine,
    Quittent le séjour du bonheur,
    Et la candeur et l'innocence,
    Les yeux modestement baissés,
    Autour d'elle, dans le silence,
    Tiennent leurs bras entrelacés.

## N° 20.

Cœur de Jésus, cœur à jamais aimable,
Cœur digne d'être à jamais adoré,
Ouvre à mon cœur un accès favorable,
Bénis ce chant que je t'ai consacré.

Aide à ma voix à louer ta puissance,
Ta vive ardeur, tes charmes, tes attraits,
Tes saints soupirs, tes transports, ta clémence,
Ton tendre amour, l'excès de tes bienfaits.

O divin cœur, ô source intarissable
De tout vrai bien, de douceur, de bonté !
Tu réunis dans ton centre adorable
Tous les trésors de la divinité.
Maître des dons de sa magnificence,
Arbitre seul des célestes faveurs,
Cœur plein d'amour, tu mets ta complaisance
A les répandre, à les voir dans nos cœurs.

Jésus naissant déjà fait ses délices
De se livrer et de souffrir pour nous ;
Déjà son cœur nous donne les prémices
Des flots de sang qu'il vient verser pour tous.
Ce cœur, toujours sensible à nos disgrâces,
Sur nos besoins s'ouvrit de jour en jour,
Et du Sauveur marqua toutes les traces,
Par tous les traits d'un généreux amour.

Quand Jésus suit la brebis infidèle,
Son cœur conduit et fait hâter ses pas ;
Quand il reçoit un fils ingrat, rebelle,
Son cœur étend et resserre ses bras.
Quand, à ses pieds, la femme pénitente
Vient déposer ses pleurs et ses regrets,
Son cœur en fait une fidèle amante,
Qu'il enrichit de ses plus doux bienfaits.

C'est dans ce cœur, de tous les cœurs l'asile,
Que l'âme tiède excite sa langueur,
Que le pécheur a son pardon facile,
Que le fervent enflamme son ardeur.

Le cœur plongé dans le sein des disgrâces
Trouve dans lui l'oubli de sa douleur ;
Et le cœur faible, une source de grâces,
Qui le remplit de force et de vigueur.

## N° 21.

Quel beau jour vient s'offrir à notre âme **ravie**,
    Nous inspirer des chants joyeux !
**Les** temps sont accomplis, Dieu prépare en **Marie**
    L'accord de la terre et des cieux.

    Cette terre ingrate et rebelle
    Du ciel provoquait le courroux ;
    Vierge humble, modeste et fidèle,
    C'est toi qui va nous sauver tous.
    Chantons cette fête chérie,
    Ce jour de grâce et de bonheur ;
    Et que le doux nom de Marie
    Règne à jamais dans notre cœur !

Triomphez, ô mortels, et que l'enfer frémisse !
    Tous ses efforts sont impuissants :
Dieu, qui fait embrasser la paix et la justice,
    Va vous adopter pour enfants.
    Ah ! puisqu'il devient notre frère,
    Rien ne doit manquer à nos vœux ;
    Il sait bien qu'il faut une mère
    A l'homme faible et malheureux.

C'est le Fils du grand Dieu que tout le ciel **adore**,
    Qui viendra nous porter la paix :
Il veut qu'un si beau jour ait aussi son **aurore**,
    Prélude de tous ses bienfaits.
    Pouvait-il donner à la terre
    Des gages plus consolateurs ?
    Il s'annonce par une mère,
    N'est-ce pas tout dire à nos cœurs ?

La nature et la grâce à l'envi l'ont parée,
　　Elle est toute pure en naissant ;
Rien ne ternit l'éclat de cette arche sacrée
　　Qu'habitera le Tout-Puissant :
　　Elle étonne et ravit les anges
　　Prosternés devant son berceau,
　　Et leurs lyres, pour ses louanges,
　　N'ont plus de concert assez beau.

## N° 22.

Heureux qui du cœur de Marie
Connaît, honore les grandeurs,
Et qui sans crainte se confie
En ses maternelles faveurs !
Après le cœur du divin maître
A qui seul est dû tout encens.
Fut-il jamais et peut-il être
Un cœur plus digne de nos chants !　} *bis.*

Les cieux se trouvent sans parure
Auprès des traits de sa beauté.
Et l'astre roi de la nature
Près d'elle a perdu sa clarté :
Cours au temple, ô fille chérie !
Offrir ton cœur à l'Eternel ;
Jamais plus agréable hostie
Ne fut portée à son autel.　} *bis.*

C'est là que ce cœur si docile,
Soumis aux éternels desseins,
Se forme à devenir l'asile
Et le séjour du Saint des saints.
O de quels charmes fut suivie,
De quels transports, de quelle ardeur,
L'union du cœur de Marie
Avec celui du Dieu sauveur.　} *bis.*

O cœur de la plus tendre mère !
Cœur plein de grâce et de bonté ;
Vous sur qui, dans notre misère,
Notre espoir a toujours compté ;
Daignez être notre refuge
Et notre appui dans tous les temps,
Surtout auprès de notre juge
Dans le dernier de nos instants. } *bis.*

## N° 23.

Quelle est cette aurore nouvelle
Dont le lever est si pompeux ?
Qu'elle est brillante, qu'elle est belle !
Est-il d'astres plus radieux ?
Repliant tes voiles funèbres,
Trop longue nuit, rentre aux enfers,
Et de l'empire des ténèbres
Délivre enfin cet univers.

Je la vois, ma libératrice,
S'élever avec majesté ;
Et, toute pure de justice,
Des cieux effacer la beauté.
Tandis qu'aux pieds de cette reine,
J'entends frémir notre tyran,
Les anges, de leur souveraine,
Escortent le char triomphant.

Du péché la vapeur funeste
N'a jamais flétri ses appas ;
Jamais de ce flambeau céleste
La mort n'osa ternir l'éclat.
Chef-d'œuvre de la main divine,
Quel pinceau saisira tes traits ?
Et de sa sublime origine
Qui me dira tous les secrets ?

Du haut des cieux, Vierge puissante,
Laisse-toi toucher de nos maux;
Hélas! d'une chaîne pesante
Nous traînons les tristes anneaux.
A vivre au milieu des alarmes
Sommes-nous toujours destinés?
A nous nourrir d'un pain de larmes
Le ciel nous a-t-il condamnés?

Souviens-toi que, brisant la tête
Du plus cruel de nos tyrans,
L'univers devint ta conquête,
Et nous devenons tes enfants;
Jésus t'a mise sur le trône,
Afin de conjurer ses coups;
Si ton amour nous abandonne,
Qui pourra le fléchir pour nous?

### N° 24

Seigneur, dès ma première enfance,
Tu me prévins de tes bienfaits;
Heureux si ma reconnaissance
Dans mon cœur les grave à jamais!
Le monde trompeur et volage
En vain m'offrirait sa faveur;
Je n'en veux point, tout mon partage *bis.*
Est de n'aimer que le Seigneur.

Dieu règne en père dans mon âme,
Il en remplit tous les désirs,
Et l'amour pur dont il m'enflamme
Vaut seul mieux que tous les plaisirs.

Si je m'égare, il me rappelle;
Si je tombe, il me tend la main;
Il me protége sous son aile,
Il me renferme dans son sein.

Si je suis constant et fidèle
A conserver son saint amour,
Une récompense éternelle
M'attend dans son divin séjour.

Chrétiens, ne chérissons la vie
Que pour aimer et pour gémir ;
Nos pleurs nous ouvrent la patrie ;
Aimons jusqu'au dernier soupir.

## N° 25.

Sur les apôtres assemblés
Lorsque l'Esprit saint vint descendre,
Les éléments furent troublés,
Un vent soudain se fit entendre.
Devant Dieu marche la terreur,
Quand il veut instruire la terre ;
Et pour signal de sa grandeur
Il a le bruit de son tonnerre.

Tendre troupeau, rassurez-vous,
N'appréhendez rien de ses flammes,
Ce feu, qui n'a rien que de doux,
Ne doit embraser que vos âmes.
Souvenez-vous que Jésus-Christ,
Dans ses adieux pleins de tendresse,
Vous promit son divin Esprit ;
Il tient aujourd'hui sa promesse.

Courez, allez porter vos pas
Dans tous les lieux où l'on respire ;
Affrontez les feux, le trépas,
Prêchez ce Dieu qui vous inspire :
Mille lauriers vous sont offerts ;
Vous devez en ceindre vos têtes :
Jusques au bout de l'univers
Allez étendre vos conquêtes.

Esprit saint, esprit créateur,
Qui seul peut convertir nos âmes,
Viens sur ma bouche et dans mon cœur,
Viens les pénétrer de tes flammes :
Donne de la force à mes chants,
Pour annoncer ce qu'il faut croire,
Inspire-moi de doux accents,
Dignes de célébrer ta gloire.

## N° 26.

Jésus paraît en vainqueur ;
Sa bonté, sa douceur
Est égale à sa grandeur.
Jésus paraît en vainqueur,
Aujourd'hui donnons-lui notre cœur.
Malgré nos forfaits ;
Ses divins bienfaits,
Ses charmants attraits
Ne nous parlent que de paix.
Pleurons nos forfaits,
Chantons ses bienfaits,
Rendons-nous à ses charmants attraits.

Chrétiens, joignez vos concerts,
Jésus charge de fers
La mort, fille des enfers.
Chrétiens, joignez vos concerts ;
Que son nom réjouisse les airs !
Juste ciel, quel choix !
Quoi ! le roi des rois
A dû, sur la croix,
Au ciel acquérir des droits !
Embrassons la croix ;
Que ce libre choix
Au ciel assure à jamais nos droits.

Je vois la mort sans effroi :
Mon Seigneur et mon Roi
En triomphe comme moi ;
Je vois la mort sans effroi ;
Ce mystère est l'appui de ma foi.
Ah ! si tour à tour,
Lâche et sans amour,
Jusques à ce jour,
Je n'ai payé nul retour ;
Du moins, dès ce jour,
Ah ! pour tant d'amour
Je veux payer un juste retour.

Il va descendre des cieux :
Ce Sauveur glorieux
Va s'abaisser en ces lieux ;
Il va descendre des cieux :
Que nos cœurs brûlent des plus doux feux.
Au jour des douleurs
Pleins de nos malheurs,
Nous portions des cœurs
Qu'avaient amollis ses pleurs.
Ah ! plus de douleurs !
A ses pieds vainqueurs,
A pleines mains répandons des fleurs.

### N° 27.

Bonne Marie,
Mère chérie,
Arme nos bras.
Vierge bénie,
Mère chérie,
Protége-nous dans les combats.

Contre la timide innocence,
L'enfer, le monde conjurés,
Veulent ravir à ta puissance
Ces cœurs qui te sont consacrés.

Toujours menacés du naufrage,
Toujours rejeté loin du port :
Jouet des vents et de l'orage,
Quel sera donc enfin mon sort ?

Mais déjà le sombre nuage
S'éloigne : je le vois pâlir ;
Je sens renaître mon courage...
Non, non, je ne saurais périr.
Du sein de la gloire éternelle,
Ma mère anime mon ardeur :
Si mon cœur lui reste fidèle,
Par elle je serai vainqueur.

Doux appui de notre espérance,
O Mère de grâce et d'amour !
Heureux qui, dès sa tendre enfance,
A toi s'est voué sans retour.
Ta main daigne essuyer ses larmes,
Tu le soutiens dans ses combats ;
Il voit le terme sans alarmes,
Et s'endort en paix dans tes bras.

## N° 28.

Etoile de la mer,
Terreur du noir enfer.
Ton seul regard dissipe les nuages ;
Quand ton front radieux
Brille au milieu des cieux.
Nous voyons s'enfuir les orages.  (*bis*).

Quand tu vois nos petits enfants
Joyeux braver la mer profonde,
S'ils sortent du port triomphants,
Sur ton bras leur espoir se fonde ;
D'un regard bénis leur travail,
Que leur pêche soit abondante,
Au besoin prends le gouvernail,
Le succès surpassera notre attente.

Quand les noirs autans déchaînés
Mugiront sur l'onde écumante,
Rassure leurs cœurs consternés
En commandant à la tourmente ;
Ranime ces jeunes nochers,
Quand sur eux la foudre étincelle ;
Guide-les parmi les rochers,
Et ramène au port leur frêle nacelle.

Si tu prends souci de leur corps,
Garde surtout leur innocence,
Perle des célestes trésors,
Elle est l'ornement de l'enfance ;
L'erreur dans ces terrestres lieux,
A la vérité fait la guerre,
On ne regarde plus les cieux,
Hélas ! on ne voit que l'or de la terre.

Veille donc sur leur jeune cœur
Pour le mettre à l'abri du vice ;
Qu'ils aient du péché grande horreur,
Que la vertu soit leur délice ;
Que leurs sens de la volupté
Craignent l'amorce mensongère ;
Sainte vertu de pureté
Sois à leur âme précieuse et chère.

## N° 29.

O Vierge sainte, à jamais vénérable,
Après Jésus, vous serez mon appui ;
Et vous tiendrez, ô mère toute aimable,
Le premier rang dans mon cœur après lui.
Vous en serez toujours la seule Reine,
Et votre Fils en sera le seul Roi ;
Lui souverain et vous ma souveraine,     } bis.
Tous deux ensemble y donnerez la loi.

Secourez-moi, puissante protectrice,
Secourez-moi jusqu'au dernier soupir ;
D'un Dieu sévère apaisez la justice,
Par vos bontés daignez me soutenir.
Contre moi seul que tout l'enfer conspire,
Je ne crains rien de sa vaine fureur.
Un cœur soumis à votre aimable empire     } bis.
Ne peut tomber dans l'éternel malheur.

O douce, ô tendre, ô céleste Marie !
Je veux partout annoncer vos grandeurs,
Et n'employer le reste de ma vie
Qu'à vous servir et vous gagner des cœurs.
Aimons, aimons la divine Marie,
Tout nous appelle à ce juste devoir,
Et qu'à l'envi chacun de nous publie       } bis.
Ses doux attraits, ses vertus, son pouvoir.

### N° 30.

Voyez à vos pieds, Marie,
Votre famille réunie,
Avec amour levant les yeux vers vous,
Priez pour nous.

Du Sauveur vous êtes la mère,
Votre pouvoir ouvre les cieux ;
Astre brillant, votre lumière
Eclaire les flots orageux.

Dans le danger qui nous menace,
Venez seconder notre effort ;
Paraissez, et sur votre trace
Nous irons sûrement au port.

O merveille de la nature,
Vous avez pour fils votre auteur ;
A la fois mère et vierge pure,
Rien ne vous égale en grandeur.

Agréez notre faible hommage,
Salut du céleste envoyé ;
Du péché détruisez l'ouvrage,
Et de nos maux prenez pitié.

## N° 31.

Venez, enfants, à votre Dieu,
Offrir de vos cœurs les prémices ;
Il vous appelle en ce saint lieu
Pour vous combler de ses délices.

Allons consacrer au Seigneur
Tous les instants de notre vie ;
Chantons, répétons tous en chœur :
Vive Jésus, vive Marie.           (*bis*).

Jésus, ô nom délicieux !
Quand avec foi je le prononce,
Mes désirs embrassent les cieux,
A tout autre bien je renonce.

Au doux nom de notre Sauveur,
Je joindrai le nom de sa mère ;
En les prononçant, ma douleur
A mon cœur sera moins amère.

Si Satan contre moi levé
Vient à déchaîner sa furie,
De la céleste grâce aidé,
J'appellerai Jésus, Marie.

L'enfer ne sera pas vainqueur ;
En vain Satan ouvre l'abîme,
Ils garderont mon jeune cœur
Du contact empesté du crime.

Jésus ! Marie ! ô noms bénis !
Soyez toujours notre espérance ;
Puissions-nous au Ciel réunis,
Vous devoir notre récompense !

Alors quel ravissant bonheur,
De répéter dans la patrie
Ces chants mille fois dits en chœur :
Vive Jésus ! vive Marie !           (bis)

## 32

Quel beau jour ! quel bonheur suprême !
Chrétiens, élevez vos concerts ;
La terre devient le ciel même,
Voici le Dieu de l'univers.

Frémissons de joie et de crainte,
Le Verbe descend parmi nous,
O Chérubins, abaissez-vous
Sous sa majesté sainte,               (bis).

Sa voix nous convie à sa table,
Sa main y verse le bonheur ;
De son amour inépuisable
Je vais donc goûter le bonheur.

Eh quoi ! ce Dieu bon veut qu'on l'aime,
Il daigne habiter en ces lieux.
Que dis-je ? Il se donne lui-même,
C'est le plus beau présent des Cieux.

Sainte Sion, sois embrasée
D'une nouvelle et sainte ardeur,
Les cieux répandent leur rosée,
La terre enfante son Sauveur.

Seigneur, dans ce nouveau cénacle,
Heureux qui goûte tes bienfaits,
A l'ombre de ton tabernacle...
Plus heureux qui n'en sort jamais.

---

Rouen. — Imp. E. Cagniard, rues de l'Impératrice, 88, et des Basnage, 5.

www.ingramcontent.com/pod-product-compliance
Lightning Source LLC
Chambersburg PA
CBHW070444080426
42451CB00025B/1420